Dieses Buch gehört:

Pizza & Co.

Rezepte, Tipps und Tricks
für kleine & große Maus-Fans

ZABERT
SANDMANN

Pizzabacken lohnt sich!

Eigentlich gibt es heute ja an fast jeder Ecke einen Pizzabäcker oder einen Pizzaservice. Ganz abgesehen von den Pizzas aus der Tiefkühltruhe! Aber all diese Pizzas schmecken natürlich lange nicht so gut wie die selbst gemachten. Denn die kann man ganz frisch belegen – und nur mit den Zutaten, die einem am besten schmecken ...

Inhalt

Essbare Teller

Was heißt eigentlich das Wort *Pizza*? Angeblich kommt es aus dem Dialekt der italienischen Stadt Neapel. „Piz'za, piz'za!", soll es da früher laut aus den Backstuben getönt haben. Und das bedeutet auf Neapolitanisch so viel wie „druck'ruck – druck'ruck!" Dieses Druck'ruck beschreibt, wie der Pizzateig geknetet wird, und begleitete vermutlich die Herstellung der ersten Pizzas. Denn schon vor vielen hundert Jahren verstanden es die Bäcker in Neapel, aus dem Teig eine flache Scheibe zu formen. Sie ließen ihn so lange auf den Fingerspitzen kreisen, bis eine Art Teigteller entstanden war. Die bekannteste Pizza ist übrigens die „Pizza Margherita". Sie wurde 1889 von einem Pizzabäcker zu Ehren der italienischen Königin Margherita in den Farben der Nationalflagge mit Basilikum (Grün), Mozzarella (Weiß) und Tomaten (Rot) belegt. Und nachdem selbst Königin Margherita den Hefefladen gekostet und für delikat befunden hatte, war der Siegeszug der Pizza nicht mehr aufzuhalten.

5

Was ist eine Pizza?

Was macht die Pizza zur Pizza?

Eine Pizza ist ein rund geformter Hefeteig, der einen leicht erhöhten Rand hat. Dadurch wird die Pizza zu einem „Teller" und der Belag kann nicht herunterrutschen. Was fast immer auf eine Pizza kommt, sind Tomaten und Käse. Und dann hat jede Pizza noch ihre speziellen Zutaten, zum Beispiel Salami, Schinken, Paprika oder Champignons, und die geben jeder Pizza ihren Namen: Pizza Salami, Pizza Prosciutto (mit Schinken), Pizza Funghi (mit Pilzen) und viele mehr… Natürlich gibt es auch Ausnahmen: Die weiße Pizza zum Beispiel wird nicht belegt, sondern nur mit Öl bepinselt und mit Salz und Kräutern bestreut.

Belegter Fladen aus dem Ofen

In fast jeder Küche der Welt gibt es Gerichte, die der Pizza ähnlich sind. Immer wird ein Teigboden belegt und im Ofen knusprig gebacken. Diese Art Fladenbrot gab es schon, lange bevor man die Pizza erfand. Im Mittelalter mengte man dem Brotteig verschiedene Gewürze und andere Zutaten bei, spä-

ter kamen dann noch Soßen aus Eiern, Käse, Zwiebeln, Sardinen oder Pilzen dazu, die man vor dem Backen auf den Fladen strich. Aber erst als die Tomaten nach Italien kamen (vermutlich Anfang des 18. Jahrhunderts) und sich als besonders passender und preiswerter Belag für den Hefefladen erwiesen, entstand die uns heute bekannte Form der Pizza.

Spezialfall Calzone

Die Calzone ist sozusagen die kleine Schwester der Pizza. Sie ist eine belegte Pizza, die einfach der Länge nach zusammengefaltet wird, bevor sie in den Ofen kommt. Damit hat man eine Art Pizzatasche, die mit allem gefüllt werden kann, was schmeckt.

Französischer Kuchen

Eine Quiche oder eine Tarte ist wie eine Pizza ohne Tomatenbelag. Dafür kommt dann ein Eier-Sahne-Käse-Guss über das Gemüse. Quiche und Tarte sind typische Gemüsekuchen aus Frankreich, bei uns ist daraus der Zwiebelkuchen entstanden.

Rund oder eckig, groß oder klein

Wegen ihrer runden Form ist die Pizza beinahe so etwas wie ein „essbarer Teller". Will man einmal mehr als zwei runde Pizzas (für vier Leute) backen, nimmt man am besten ein großes, rechteckiges Backblech und bereitet einfach die doppelte Rezeptmenge zu. Für eine Party eignen sich besonders gut Mini-Pizzas, wie zum Beispiel Pizza-Clowns oder Pizza-Sterne.

Übrigens...

Alles, was schmeckt, ist ungesund? Stimmt nicht. Pizza schmeckt und ist gesund, vor allem wenn man sie selbst macht. Denn sie liefert mit Teig, Gemüsebelag und Käse lauter wichtige Nährstoffe.

Verschiedene Teige

Schneller Pizzateig

Wenn's mal schnell gehen muss, kann man zu einigen Tricks greifen. Zum Beispiel gibt es im Kühlregal gut sortierter Supermärkte einen Fertigpizzateig (à 230 oder 260 g), den man nur noch ausrollen und belegen muss. Oder man nimmt tiefgefrorenen Pizzateig. Eine Packung enthält meist drei Scheiben.

Blätterteig

Für kleine Teigtaschen oder Gemüsekuchen eignet sich auch Blätterteig. Kaum ein Teig geht schneller, denn er liegt bereits fertig in Scheiben im Tiefkühlregal. Man muss die Scheiben nur auftauen und in die gewünschte Form rollen oder schneiden. Beim Backen gehen sie wunderbar locker in viele dünnblättrige Schichten auf.

Grundrezept Pizzateig für 4 Portionen:

$^1/_2$ **Würfel Hefe (21 g) oder 1 Tüte**

Trockenhefe • 150 ml lauwarmes

Wasser • 300 g Mehl

$^1/_2$ **TL Salz • 4 EL Öl**

1. Die Hefe in eine Tasse bröckeln und mit 2 EL lauwarmem Wasser glatt rühren. Dann 2 TL vom Mehl unter- rühren. Die Tasse mit einem sauberen Küchentuch zudecken und die Hefe etwa 15 Minuten gehen lassen.

2. Das restliche Mehl, das Salz, das Öl und die Hefe in eine große Rührschüs- sel geben. Das restliche Wasser nach und nach dazugeben. Den Teig mit den Knethaken des Rührgeräts kneten, bis er nicht mehr am Schüsselrand klebt.

3. Den Teig etwa 30 Minuten an einem warmen Ort gehen lassen, dabei die Schüssel wieder mit einem sauberen Küchentuch zudecken.

4. Danach den Teig mit den (gewasche- nen!) Händen noch einmal gut durch- kneten, eventuell noch etwas Mehl da- rüber stäuben und auf der bemehlten Arbeitsfläche mit dem Nudelholz in die gewünschte Form ausrollen.

Pizzateig – so wird's gemacht:

1. Hefe und Wasser mit etwas Mehl in einer Tasse vermischen.

2. Restliche Mehl, Salz, Öl, Hefe und Wasser gut verkneten.

3. Danach den Teig noch einmal mit den Händen durchkneten.

Weiße Pizza

Für 1 weiße Pizza braucht man:

200 ml lauwarmes Wasser

¹/₄ Würfel Hefe (10 g) oder ¹/₂ Tüte

Trockenhefe • Salz • 250 g Mehl

2 EL Öl • Mehl für das Blech

je 1 TL Oregano, Thymian und

Rosmarin

¹/₂ EL grobes Salz zum Bestreuen

1. Das Wasser in eine Schüssel geben und mit der Hefe und 1 TL Salz verrühren. Das Mehl dazugeben und den Teig mit den Knethaken des Rührgeräts so lange kneten, bis er glatt ist und nicht mehr an der Schüssel kleben bleibt. Eventuell mit den (gewaschenen!) Händen weiterkneten. Dann ein sauberes Küchentuch über die Schüssel legen und den Teig 30 bis 40 Minuten an einem warmen Ort gehen lassen.

2. Ein Backblech mit 1 EL Öl fetten und etwas Mehl darauf streuen. Den Backofen auf 200 Grad (Umluft 180 Grad) vorheizen.

3. Den aufgegangenen Hefeteig noch einmal durchkneten, aus der Schüssel auf das Blech stürzen und mit nassen Händen zu einem Fladen formen.

4. Den Fladen mit einer Gabel an mehreren Stellen einstechen und mit dem restlichen Öl gründlich bepinseln. Die Kräuter darüber streuen und leicht eindrücken. Das grobe Salz darüber verteilen und den Fladen nochmals 30 Minuten ruhen lassen.

5. Danach das Blech (mit Topfhandschuhen!) auf die mittlere Schiene in den heißen Backofen schieben und den Fladen 20 Minuten backen (Küchenwecker stellen!). Dann die Hitze auf 180 Grad zurückschalten und nochmals 10 Minuten weiterbacken.

Und so kann man die weiße Pizza verändern:

● Wer keine Kräuter auf dem Pizzafladen mag, lässt sie einfach weg.

● Wenn man **Pizzabrötchen** machen möchte, kann man den Teig in kleine Portionen aufteilen und daraus mit den Händen Brötchen formen.

Bunte Blechpizza

Für 1 bunte Blechpizza braucht man:

Für den Quark-Öl-Teig:

250 g Quark • 4 EL Öl • Salz

1 großes Ei (oder 2 kleine Eier)

400 g Mehl • 1 EL Öl für das Blech

Mehl zum Ausrollen

Für den Belag:

1 Zwiebel • 2 EL Öl

4 EL Tomatenmark

1 Tetrapak Pizzatomaten (500 g)

Salz • Pfeffer • je 1/2 TL Majoran,

Thymian und Basilikum

2 gelbe Paprikaschoten

1 Glas Champignons (180 g)

je 50 g Salami und Schinken

200 g Sahne • 2 Eier

100 g Parmesan

1. Den Quark mit Öl und 1/2 TL Salz in eine Schüssel geben. Das Ei in eine Tasse aufschlagen und in die Schüssel gleiten lassen. Alles mit den Knethaken des Rührgeräts verrühren. Das Mehl auf den Quark sieben und den Teig mit den (gewaschenen!) Händen glatt kneten. Den Teig zu einer Kugel formen, in Klarsichtfolie wickeln und 20 Minuten ruhen lassen.

2. Währenddessen die Zwiebel abziehen, halbieren und in feine Würfel schneiden. Das Öl in einer Pfanne auf höchster Stufe erhitzen und die Zwiebeln darin anbraten. Die Hitze zurückschalten, Tomatenmark und Pizzatomaten dazugeben, dabei die Tomaten mit einer Gabel zerdrücken.

Mit je $^1/_2$ TL Salz und Pfeffer und den Kräutern würzen und etwa 15 Minuten köcheln lassen.

3. Die Paprika waschen, halbieren, entkernen und in feine Streifen schneiden. Die Champignons in einem Sieb gut abtropfen lassen. Salami und Schinken in kleine Stücke schneiden.

4. Ein Backblech mit 1 EL Öl fetten. Vom Teig ein kleines Stück beiseite legen. Den restlichen Teig auf dem Backblech mit dem

bemehlten Nudelholz ausrollen und rundum einen Rand formen. Aus dem beiseite gelegten Teig zwei fingerdicke Rollen formen und über Kreuz so auf das Blech legen, dass 4 gleich große Rechtecke abgegrenzt sind. Den Teigboden mit der Gabel an mehreren Stellen einstechen.

5. Den Backofen auf 180 Grad (Umluft 160 Grad) vorheizen. Die Teigviertel gleichmäßig mit der Tomatenmasse bestreichen. Auf das erste und dritte Viertel den Schinken und die Champignons verteilen. Auf das zweite und vierte Teigviertel Paprika und Salami legen.

6. Die Sahne, die Eier und den Parmesan in einer Schüssel mit einer Gabel verquirlen. Mit je 1 Prise Salz und Pfeffer abschmecken und über die ganze Pizza gießen.

7. Das Pizzablech (mit Topfhandschuhen!) auf die mittlere Schiene in den heißen Backofen schieben und die Pizza etwa 20 Minuten backen (Küchenwecker stellen!).

● Man kann auch eingelegte Peperoni oder Oliven auf ein Viertel legen.

Pizza-Clowns

 Für etwa 12 Pizza-Clowns braucht man:

Für den Hefeteig:

$^{1}/_{2}$ **Würfel Hefe (21 g) oder**

1 Tüte Trockenhefe

150 ml lauwarmes Wasser

300 g Mehl

1 TL Salz • 4 EL Öl

Für den Belag:

1 Tetra Pak Pizzatomaten (500 g)

1 EL Oregano • 1 TL Paprikapulver

Salz • Pfeffer

2 Möhren • 12 Champignons

1 grüne Paprikaschote

2 Kugeln Mozzarella

3 EL Öl für die Förmchen und

zum Beträufeln

24 schwarze Oliven

1. Den Hefeteig aus den Zutaten zubereiten (siehe S. 9). Während der Teig geht, die Pizzatomaten in eine Schüssel geben und mit einer Gabel zerdrücken. Mit Oregano, Paprikapulver, $^{1}/_{2}$ TL Salz und 1 Prise Pfeffer würzen.

2. Die Möhren waschen, schälen und in feine, kurze Stifte schneiden oder reiben. Die Champignons putzen. Die Paprika waschen, halbieren und die Kerne entfernen. Dann die Hälften längs in nicht zu dünne Streifen schneiden.

3. Den Mozzarella aus der Packung nehmen, abtropfen lassen und in dünne Scheiben schneiden.

4. 12 Tortelettformen (à 10 cm Durchmesser) mit Öl fetten. Den Teig in 12 gleich große Portionen teilen und jede Form damit auslegen, dabei einen kleinen Rand formen. Den Backofen auf 150 Grad (Umluft 140 Grad) vorheizen.

5. Jede Pizza mit Tomatenmasse bestreichen und mit Mozzarella belegen.

6. Dann je 2 Oliven als Augen, 1 Champignon als Nase, 1 Paprikastreifen als Mund und einige Möhrenstifte als Haare darauf legen.

7. Jeden Pizza-Clown mit etwas Öl beträufeln. Die Formen auf ein Backblech stellen, das Blech (mit Topfhandschuhen!) auf die mittlere Schiene in den heißen Backofen schieben und die Pizza-Clowns etwa 20 Minuten (Küchenwecker stellen!) backen.

14

Und das kann man noch mit den Pizza-Clowns machen:

- Man kann auch halbierte Cocktailtomaten als Wangen auflegen.

- Statt der Paprikastreifen kann man halbe oder ganze Zucchini- oder Auberginenscheiben als Mund nehmen.

- Man kann die Pizza-Clowns auch in anderen Förmchen backen oder einfach kleine runde Teigfladen formen.

Übrigens...

Die Pizza-Clowns eignen sich gut für eine Party. Am lustigsten ist es, wenn jeder Gast seinen eigenen Clown selbst belegen darf. Dazu Teig und Zutaten vorbereiten – und dann kann jeder loslegen!

Pizza-Torte mit Auberginen

 Für 1 Springform, etwa 26 cm Durchmesser, braucht man:

Für den Hefeteig:

$^1/_2$ **Würfel Hefe (21 g) oder 1 Tüte**

Trockenhefe • 150 ml lauwarmes

Wasser • 300 g Mehl • 1 TL Salz

4 EL Öl • Mehl zum Ausrollen

Für die Füllung:

1 Zwiebel • 1 Aubergine

1 Paprikaschote • 4 Tomaten

6 EL Öl • 1 EL Oregano • Salz

Pfeffer • $^1/_2$ TL Paprikapulver

2 Kugeln Mozzarella

1. Den Hefeteig aus den Zutaten zubereiten (siehe S. 9). Während der Teig aufgeht, die Zwiebel abziehen, halbieren und in feine Würfel schneiden. Die Aubergine, die Paprika und die Tomaten waschen und in kleine Würfel schneiden.

2. In einer Pfanne 4 EL Öl auf höchster Stufe erhitzen und die Zwiebeln darin anbraten, dabei die Hitze zurückschalten. Die Gemüsewürfel zu den Zwiebeln in die Pfanne geben und etwa 20 Minuten braten. Mit Oregano, $^1/_2$ TL Salz, 1 Prise Pfeffer und Paprikapulver würzen und etwas abkühlen lassen.

3. Den Mozzarella aus der Packung nehmen, abtropfen lassen und in dünne Scheiben schneiden.

4. Den Hefeteig nochmals durchkneten und in zwei Portionen halbieren. Jede Teighälfte auf der bemehlten Arbeitsfläche mit dem Nudelholz jeweils rund und etwas größer als die Springform ausrollen.

5. Den Backofen auf 180 Grad (Umluft 160 Grad) vorheizen. Die Springform mit 1 EL Öl fetten und einen Teigkreis in die Form legen, dabei einen hohen Rand formen (siehe rechts).

6. Das Gemüse auf den Teig geben, die Mozzarellascheiben darauf verteilen (siehe rechts).

7. Den zweiten Teigkreis darauf legen und die Ränder rundum zusammendrücken (siehe rechts). In die Torte mit der Gabel an mehreren Stellen einstechen. Die Torte mit 1 EL Öl bestreichen.

8. Die Springform (mit Topfhandschuhen!) auf die mittlere Schiene in den heißen Backofen schieben und die Pizza-Torte etwa 30 Minuten (Küchenwecker stellen!) backen, bis der Teigdeckel knusprig braun ist.

Pizza-Torte – so wird's gemacht:

1. Einen Teigkreis in die Form legen, dabei einen Rand formen.

2. Die Gemüsefüllung hineingeben, den Mozzarella auflegen.

3. Zweiten Teigkreis auflegen und die Ränder rundum andrücken.

Zucchini-Calzone

 **Für 4 Zucchini-Calzone braucht man:**

Für den Hefeteig:

$1/2$ **Würfel Hefe (21 g) oder**

1 Tüte Trockenhefe

150 ml lauwarmes Wasser

300 g Mehl • $1/2$ TL Salz

4 EL Öl • Mehl zum Ausrollen

Für die Füllung:

3 mittelgroße (oder 2 große) Zucchini

3 EL Öl • Salz • Pfeffer

1 TL Thymian

1 Prise geriebene Muskatnuss

50 g Mascarpone (oder Crème fraîche)

100 g frisch geriebenen Parmesan

ein paar gehackte Pinienkerne

4 EL Öl zum Bestreichen

1. Den Hefeteig aus den Zutaten zubereiten (siehe S. 9).

2. Während der Teig geht, die Zucchini waschen und in feine Scheiben schneiden. Das Öl in einer Pfanne auf höchster Stufe erhitzen und die Zucchinischeiben darin 5 Minuten anbraten.

3. Die Zucchinischeiben mit $1/2$ TL Salz, 1 Prise Pfeffer, Thymian und Muskatnuss würzen. Von der Herdplatte nehmen und den Mascarpone, den Parmesan sowie die Pinienkerne darunter mischen.

4. Den Backofen auf 200 Grad (Umluft 180 Grad) vorheizen. Den Hefeteig in 4 gleich große Portionen teilen und jede auf der bemehlten Arbeitsfläche mit dem Nudelholz in Tellergröße ausrollen.

5. Jeweils ein Viertel der Zucchinimasse auf eine Hälfte der Teigkreise streichen, dabei einen 3 Zentimeter breiten Rand frei lassen. Die andere Teighälfte darüber klappen und die runden Ränder mit der Gabel fest zusammendrücken (siehe Foto).

6. Die Teigtaschen auf ein mit Backpapier ausgelegtes Backblech setzen, mit je 1 EL Olivenöl bestreichen und mit der Gabel an mehreren Stellen einstechen.

7. Auf der mittleren Schiene des Ofens etwa 15 Minuten backen (Küchenwecker!). Dann die Hitze auf 150 Grad (Umluft 140 Grad) reduzieren und weitere 10 Minuten knusprig backen.

Und so kann man die Zucchini-Calzone verändern:

● Man kann statt Mascarpone und Parmesan auch 120 g Feta (griechischen Schafskäse) nehmen.

● Man kann die Teigtaschen auch mit klein geschnittenen Tomaten, Mozzarella und Basilikum füllen.

● Man kann sie auch mit 200 g Champignons, 100 g Emmentaler, 2 gekochten Eiern und etwas Petersilie füllen.

Übrigens...

Wenn man mal keine Zeit hat, selbst einen Hefeteig zu machen: einfach einen tiefgefrorenen Pizzateig (3 Teigscheiben) nehmen. Nach dem Auftauen 3 bzw. 6 Kreise mit dem Nudelholz ausrollen, belegen und zusammenklappen!

Salami-Pizza

Für 2 Salami-Pizzas braucht man:

1 Rezept Hefeteig (von S. 9)

Für den Belag:

1 Zwiebel • 1 Tetra Pak Pizzatomaten

(500 g) • Salz • $1/2$ TL Oregano

Pfeffer • 4 Tomaten • 100 g Egerlinge

2 Kugeln Mozzarella

Öl fürs Blech und zum Beträufeln

Mehl zum Ausrollen • 150 g Salami

1. Den Hefeteig aus den Zutaten zubereiten (siehe S. 9). Während der Teig geht, die Zwiebel abziehen, halbieren und in feine Würfel schneiden.

2. Die Pizzatomaten in einer Schüssel mit einer Gabel zerdrücken, die Zwiebeln, $1/2$ TL Salz, den Oregano und 1 Prise Pfeffer dazugeben.

3. Die frischen Tomaten waschen und in Scheiben schneiden, dabei die Stielansätze entfernen. Die Pilze putzen und in feine Scheiben schneiden.

Super-Maus-Rezept

4. Den Mozzarella aus der Packung nehmen, abtropfen lassen und in Scheiben schneiden. Den Backofen auf 180 Grad (Umluft 160 Grad) vorheizen.

5. Ein Backblech mit 1 EL Öl fetten. Den Hefeteig noch einmal durchkneten und in zwei Portionen teilen. Auf einer bemehlten Arbeitsfläche den Teig mit dem Nudelholz in zwei runde Pizzas (etwa so groß wie Essteller) ausrollen, dabei rundum einen Rand formen. Beide Pizzas nebeneinander auf das Backblech legen.

6. Die Pizzas mit dem Tomaten-Zwiebel-Gemisch bestreichen, die frischen Tomaten und die Pilze darauf verteilen. Dann die Salamischeiben und zum Schluss die Mozzarellascheiben gleichmäßig darauf verteilen. Nochmals etwas salzen und mit 1 EL Öl beträufeln.

7. Das Blech (mit Topfhandschuhen!) auf die mittlere Schiene des Backofens schieben und die Pizzas 20 bis 30 Minuten backen (Küchenwecker stellen!).

Und das sind die bekanntesten Pizzas:

● **Pizza Margherita:** mit frischen Tomaten, Mozzarella und Basilikum (siehe Titelfoto).

● **Pizza Prosciutto:** mit gekochtem Schinken (150 g), Käse und Tomaten (siehe Rezept).

● **Pizza Funghi:** mit Tomaten (siehe Rezept), Champignons (300 g), Käse (150 g Gouda) und Knoblauch (nur wer will!).

● **Pizza Cipolle:** mit Tomaten (siehe Rezept), Käse (150 g Gouda oder Emmentaler), Zwiebeln (3), Thunfisch (aus der Dose) und gekochtem Schinken (100 g).

Pizza-Sterne

 Für etwa 32 Pizza-Sterne braucht man:

200 g Mehl • Salz

80 g Butter • 1–2 EL Tomatenmark

1 Ei • 30 g Pinienkerne ($^1/_2$ Packung)

1 TL getrockneten Oregano

50 g geriebenen Hartkäse (z. B.

Parmesan, Emmentaler oder Gouda)

Mehl zum Ausrollen • 1 Eigelb

1. Das Mehl in eine Rührschüssel geben und mit $^1/_2$ TL Salz vermischen. Die Butter in kleine Stücke teilen und dazugeben.

2. Das Tomatenmark dazugeben. Das Ei in eine Tasse aufschlagen und in die Schüssel gleiten lassen.

3. Die Hälfte der Pinienkerne klein hacken (oder im Mixer zerkleinern) und auch in die Schüssel geben. Die andere Hälfte der Pinienkerne beiseite stellen.

4. Das Mehlgemisch mit dem Oregano würzen und den Käse dazugeben. Die Hände waschen und alles zu einem Teig kneten. Den Teig zu einer Kugel formen, in Klarsichtfolie wickeln und $1/2$ Stunde in den Kühlschrank stellen.

5. Den Teig auf der bemehlten Arbeitsfläche mit dem Nudelholz etwa $1/2$ Zentimeter dick ausrollen. Eine Stern-Ausstecherform nehmen und viele Sterne ausstechen. Den restlichen Teig immer wieder zusammenkneten und ausrollen. So fortfahren, bis der ganze Teig verbraucht ist.

6. Die Sterne auf ein mit Backpapier auslegtes Backblech legen. Jeden Stern mit ein paar Pinienkernen verzieren, dabei die Kerne ein wenig in den Teig drücken.

7. Das Eigelb in einer Tasse mit einer kleinen Gabel verrühren und mit einem Backpinsel auf die Pizza-Sterne streichen. Das Backblech auf die mittlere Schiene in den Backofen schieben und die Pizza-Sterne bei 150 Grad (Umluft 140 Grad) etwa 15 bis 25 Minuten lang backen (Küchenwecker stellen!).

Und das kann man mit den Pizza-Sternen machen:

● Man kann auf die Pizza-Sterne auch etwas geriebenen Käse streuen.

● Man kann auch Pizza-Monde, Pizza-Taler oder Pizza-Herzen ausstechen.

● Die Pizza-Sterne, Pizza-Monde oder Pizza-Herzen kann man in eine Dose füllen und als Knabbergebäck auf einer Party anbieten.

Pizza-Brote

Für 8 Pizza-Brote braucht man:

8 Scheiben Weiß- oder Toastbrot

2 EL Butter

4 Tomaten

16 frische Basilikumblätter

50 g Schinken (oder Salami)

2 Kugeln Mozzarella

Salz • Pfeffer

2 TL Paprikapulver

1. Die Brote mit Butter bestreichen und auf ein mit Backpapier ausgelegtes Backblech legen.

2. Die Tomaten waschen und in Scheiben schneiden, dabei die Stielansätze entfernen. Das Basilikum waschen und abtrocknen.

3. Den Schinken (oder die Salami) in kleine Streifen schneiden.

4. Dann die Tomatenscheiben und die Schinkenstreifen auf den Broten verteilen. Je zwei Basilikumblätter auf jedes

Brot legen und mit etwas Salz und Pfeffer bestreuen.

5. Den Mozzarella aus der Packung nehmen, abtropfen lassen und in dünne Scheiben schneiden. Die Brote mit den Mozzarellascheiben belegen und mit etwas Paprikapulver bestreuen.

6. Die Pizza-Brote auf die mittlere Schiene des Backofens schieben und bei 150 Grad (Umluft 140 Grad) etwa 15 bis 25 Minuten (Küchenwecker stellen!) knusprig überbacken.

● Dazu schmeckt am besten ein frischer grüner Salat.

Und das kann man mit den Pizza-Broten machen:

● Man kann die Brote auch schon vor dem Belegen kurz im Ofen rösten.

● Man kann die Brote vor dem Belegen mit je $1/2$ EL Tomatenmark bestreichen.

● Man kann auch Zucchini und/oder Champignons waschen, in Scheiben schneiden, kurz in Öl anbraten und auf die Pizza-Brote legen.

● Man kann statt Mozzarella auch Gouda zum Überbacken nehmen.

Übrigens...

Die Pizza-Brote gehen superschnell. Daher kann man sie auch einfach mal als Zwischendurch-Häppchen machen. Und wenn man dazu spontan Freunde einladen will, muss man nur ein paar Brote mehr nehmen – je nach Anzahl der Gäste –, diese nach Wunsch belegen, im Ofen knusprig überbacken und schon kann gemeinsam geschmaust werden.

Schinkenhörnchen

Für 24 Schinkenhörnchen braucht man:

1 Packung tiefgefrorenen Blätterteig

(450 g, 6 Scheiben)

6 Scheiben gekochten Schinken

100 g Hartkäse (z. B. Emmentaler oder

Gouda) • Mehl zum Ausrollen

1 Eigelb • 1 Prise Paprikapulver

1. Den Blätterteig aus der Packung nehmen, einzeln auslegen und 20 Minuten bei Zimmertemperatur auftauen.

2. Den Schinken in 24 kleine Stücke schneiden. Den Käse fein reiben. Den Backofen auf 150 Grad (Umluft 140 Grad) vorheizen.

3. Die Arbeitsfläche mit Mehl bestäuben. Die Teigplatten quer halbieren und mit dem Nudelholz zu länglichen Rechtecken ausrollen. Jedes Rechteck einmal diagonal teilen (siehe rechts). Diese Teigdreiecke an einer Ecke etwas in Form ziehen, damit ein gleichmäßiges Dreieck entsteht.

4. Jedes Teigdreieck mit etwas Wasser bepinseln. 1 Schinkenstück darauf legen und etwa $1/2$ TL geriebenen Käse

in die Mitte setzen. Dann den Teig von der schmalen Seite her aufrollen, die Enden gut zusammendrücken und zu einem Hörnchen biegen (siehe rechts).

5. Das Eigelb in einer Tasse verrühren. Die Hörnchen auf ein mit Backpapier ausgelegtes Backblech setzen und mit dem Eigelb bestreichen. Über jedes Hörnchen etwas Paprikapulver streuen.

6. Die Schinkenhörnchen auf der mittleren Schiene des Backofens 15 bis 20 Minuten backen (Küchenwecker stellen!), bis sie schön braun sind.

● Man kann auch **Spinathörnchen** machen: Dazu 1 Packung tiefgefrorenen Spinat (150 g) auf niedriger Stufe in einem kleinen Topf auftauen lassen. Dann in einer Schüssel mit $\frac{1}{2}$ TL Salz, 1 Prise Pfeffer und etwas geriebener Muskatnuss vermischen. 50 g Quark und 1 Eigelb dazugeben. Den Blätterteig wie im Rezept links vorbereiten. Je 1 bis 2 TL vom Spinat-Quark-Gemisch in die Mitte des Teigdreiecks setzen, Teig aufrollen und zu einem Hörnchen biegen (siehe rechts).

Schinkenhörnchen – so wird's gemacht

1. Jedes Teigrechteck diagonal teilen, das ergibt je 2 Dreiecke.

2. Jedes Teigdreieck mit etwas Schinken und Käse belegen.

3. Den Teig aufrollen und zu kleinen Hörnchen biegen.

Spinatsoufflé

1 Packung tiefgefrorenen Blätterteig

(450 g, 6 Scheiben)

1 Zwiebel • 2 EL Öl

1 Packung tiefgefrorenen Spinat

(450 g) • 500 g Magerquark

4 Eier • 3–4 EL Mehl

je ¹/₂ TL Curry- und Paprikapulver

Salz • Pfeffer

1 Msp geriebene Muskatnuss

1 TL Butter für die Form

Mehl zum Ausrollen

1. Den Blätterteig aus der Packung nehmen, einzeln auslegen und 20 Minuten bei Zimmertemperatur auftauen.

2. Die Zwiebel abziehen, halbieren und in feine Würfel schneiden.

3. Das Öl in einer Pfanne auf höchster Stufe erhitzen, die Zwiebeln in die Pfanne geben und anbraten, dabei die Hitze zurückschalten.

4. Den Spinat aus der Packung nehmen und kurz heißes Wasser darüber fließen lassen. Dann zu den Zwiebeln in die Pfanne geben. Die Hitze auf die niedrigste Stufe schalten und den Spinat etwa 20 Minuten auftauen lassen.

5. Inzwischen den Quark in eine große Schüssel geben. Die Eier trennen. Dabei jedes Eiweiß zuerst einzeln in eine Tasse geben und dann (wenn kein Eigelb hineingeraten ist!) in eine weitere Rührschüssel gleiten lassen. Die Eigelbe zum Quark geben und mit dem Mehl unterrühren.

6. Den aufgetauten Spinat unter das Quarkgemisch rühren. Mit dem Curry- und Paprikapulver, ¹/₂ TL Salz, 1 Prise Pfeffer und Muskatnuss würzen.

7. Die Springform mit Butter fetten. Die Teigplatten übereinander legen und auf einer bemehlten Arbeitsfläche zu einem Kreis ausrollen, etwas größer als die Form. Die Form auslegen und einen 3 Zentimeter hohen Rand formen.

8. Das Eiweiß mit den Quirlen des Rührgeräts steif schlagen und unter das Quark-Spinat-Gemisch rühren.

9. Das Quark-Spinat-Gemisch auf dem Teig verteilen und das Soufflé bei 180 Grad (Umluft 160 Grad) auf der mittleren Schiene des Backofens 1 Stunde backen (Küchenwecker!).

Und das kann man mit dem Spinatsoufflé machen:

● Man kann in den Belag auch noch 150 g geriebenen Hartkäse (zum Beispiel Emmentaler oder Gouda) geben.

● Man kann das Spinatsoufflé auch in 12 kleinen Souffléförmchen (mit je 10 Zentimeter Durchmesser) backen.

● Dazu passt besonders gut ein grüner Salat, beispielsweise garniert mit Radieschenscheiben.

Übrigens...

Achtung: Den Backofen nicht vor Ende der Backzeit öffnen, sonst fällt das Soufflé in sich zusammen und backt nicht richtig durch. Nach dem Backen fällt es beim Abkühlen übrigens auch zusammen, aber dann macht es nichts.

Schnittlauch-Rahmkuchen

 Für 1 Springform, etwa 26 cm Durchmesser, braucht man:

Für den Mürbeteig:

200 g Mehl • Salz

60 g Butter • 100 ml Milch

Mehl zum Ausrollen

1 TL Butter für die Form

Für den Belag:

500 g saure Sahne • 3 Eigelb

Salz • 1 TL Kümmel

1/2 Bund Schnittlauch

1. Das Mehl in eine Schüssel geben, mit 1/2 TL Salz vermischen. Die Butter in kleine Stücke teilen und dazugeben.

2. Die Milch dazugießen, alles mit (gewaschenen!) Händen zu einem Teig kneten. Dann zu einer Kugel formen, in Klarsichtfolie wickeln und 20 Minuten in den Kühlschrank stellen.

3. Währenddessen die saure Sahne in eine Schüssel geben und mit dem Rührlöffel glatt rühren. Die Eigelbe zur Sahne geben, mit 1/2 TL Salz und dem Kümmel würzen und gut verrühren.

4. Den Schnittlauch waschen, abtrocknen, in Röllchen schneiden und unter das Sahne-Eigelb-Gemisch mengen. Den Backofen auf 180 Grad (Umluft 160 Grad) vorheizen.

5. Den Teig auf der bemehlten Arbeitsfläche ausrollen. Eine Springform mit Butter fetten und mit dem Teig auslegen. Dabei einen kleinen Rand formen. Das Sahne-Eigelb-Gemisch gleichmäßig darauf verteilen.

6. Die Springform (mit Topfhandschuhen!) auf die mittlere Schiene in den heißen Backofen schieben und den Kuchen 30 Minuten (Küchenwecker stellen!) backen.

● Dazu schmeckt ein frischer grüner Salat sehr gut.

Und so kann man den Schnittlauch-Rahmkuchen verändern:

● Man kann noch ein paar Butterflöckchen vor dem Backen auf den Rahmkuchen geben.

● Man kann noch einige Scheiben Frühstücksspeck in feine Streifen schneiden und unter das Sahne-Eigelb-Gemisch mengen.

Übrigens...

Der Schnittlauch-Rahmkuchen schmeckt am allerbesten, wenn er heiß aus dem Backofen kommt. Deshalb am besten während des Backens schon den Tisch decken und den Kuchen sofort essen. Der Schnittlauch-Rahmkuchen heißt in Frankreich übrigens **Quiche** (siehe S. 6).

Aprikosentaschen

Für 12 Aprikosentaschen braucht man:

1 Packung tiefgefrorenen Blätterteig

(450 g, 6 Scheiben)

6 Aprikosen • 125 g Sahnequark

6 EL Aprikosenmarmelade

2 EL Zucker • 1 Ei

Mehl zum Ausrollen

1 Eigelb • 2 EL Milch

1. Den Blätterteig aus der Packung nehmen, einzeln auslegen und 20 Minuten bei Zimmertemperatur auftauen.

2. Die Aprikosen waschen, halbieren und entsteinen.

3. Den Quark, die Aprikosenmarmelade und den Zucker in eine kleine Schüssel geben und vermischen. 1 Ei in eine Tasse aufschlagen, in die Schüssel gleiten lassen und unterrühren.

4. Die Blätterteigplatten halbieren und auf der bemehlten Arbeitsfläche mit dem Nudelholz zu Quadraten von etwa 12 x 12 Zentimeter ausrollen.

5. In die Mitte jeder Teigplatte etwa 1 EL vom Quark-Marmeladen-Gemisch streichen, $1/2$ Aprikose darauf setzen.

6. In einer Tasse mit einer Gabel das Eigelb mit der Milch verrühren. Den Backofen auf 180 Grad (Umluft 160 Grad) vorheizen.

7. Die Teigränder mit der Eiermilch bestreichen und die Quadrate diagonal zu Dreiecken zusammenklappen. Die kurzen Teigränder mit der Gabel fest aneinander drücken (siehe Foto).

8. Die Aprikosentaschen auf ein mit Backpapier ausgelegtes Blech setzen und mit der restlichen Eiermilch bestreichen. Auf der mittleren Schiene des Backofens etwa 20 Minuten backen (Küchenwecker stellen!).

● Man kann die Aprikosentaschen nach dem Backen mit etwas Puderzucker bestäuben.

Übrigens...

Wenn man keinen Blätterteig zu Hause hat, kann man schnell einen **Mürbeteig** machen. Dazu 200 g Mehl, 80 g Butter, 1 Ei, 1 Prise Salz und 2 EL Zucker zu einem Teig kneten. 30 Minuten kalt stellen, dann ausrollen und fortfahren wie ab Punkt 4 beschrieben.

Heidelbeerpizza

Für 1 Springform, etwa 26 cm Durchmesser, braucht man:

Für den Hefeteig:

$^1/_8$ l Milch • $^1/_2$ Würfel Hefe (21 g)

2 EL Zucker • 250 g Mehl

Salz • 1 Ei • 2 EL Butter

Mehl zum Ausrollen

Für den Belag:

1 Packung tiefgefrorene Heidelbeeren

(300 g) • 2 Eier • 200 g Schmand

3 EL Zucker

1 Päckchen Vanillezucker

4 EL Mandelblättchen und/oder

Puderzucker zum Bestreuen

1. Die Heidelbeeren für den Belag aus der Packung nehmen und bei Zimmertemperatur auftauen.

2. Währenddessen die Milch in einem kleinen Topf auf mittlerer Stufe erwärmen – nicht kochen lassen!

3. Die Hefe zerbröckeln, in eine Tasse geben, mit 4 EL lauwarmer Milch und 1 Prise Zucker vermischen. 2 EL Mehl unter die Hefe mischen und 15 bis

20 Minuten gehen lassen, bis sich größere Blasen bilden.

4. Das restliche Mehl mit 1 Prise Salz in eine Schüssel geben. Das Ei in die Schüssel aufschlagen, die restliche Milch, die Butter, den restlichen Zucker und die Hefe dazugeben. Alles mit den Knethaken des Rührgeräts verrühren. Dann mit den (gewaschenen!) Händen den Teig gut durchkneten, bis kein Mehl oder Teig mehr an der Schüssel klebt. Den Teig etwa 30 Minuten gehen lassen, dazu ein sauberes Küchentuch über die Schüssel legen.

5. Für den Belag die Eier in eine weitere Schüssel aufschlagen. Schmand, Zucker und Vanillezucker dazugeben und mit einem Rührlöffel verrühren.

6. Den Teig nochmals durchkneten und auf der bemehlten Arbeitsfläche mit dem Nudelholz in Größe der Form ausrollen. Den Backofen auf 150 Grad (Umluft 140 Grad) vorheizen.

7. Den Boden der Springform mit Backpapier auslegen und den Teig hineingeben, dabei einen 3 Zentimeter hohen Rand formen. Die Heidelbeeren auf dem Teig verteilen und das Eier-Schmand-Gemisch darüber gießen.

8. Die Heidelbeerpizza auf der mittleren Schiene des Backofens etwa 20 Minuten backen (Küchenwecker stellen!). Dann (mit Topfhandschuhen!) herausnehmen, mit Backpapier oder Alufolie abdecken und nochmals 20 Minuten backen.

9. Die süße Pizza (mit Topfhandschuhen!) aus dem Ofen nehmen und mit Mandelblättchen und/oder Puderzucker bestreut sofort servieren.

Übrigens...

Neben den pikanten Pizzas gibt es auch zahlreiche süße Pizzas mit Fruchtbelägen. Allerdings werden sie dann meist nicht Pizza, sondern zum Beispiel „Wähe" oder „Datschi" genannt.

Mein Lieblingsrezept:

. . . .

Die Zutaten:

Und so wird's gemacht:

Basteltipps

Pizzatellermaske

Erstaunlich, was sich mit einem einfachen Pappteller so alles machen lässt: einmal Pizza (beispielsweise nach den Rezepten in diesem Buch) davon essen, ein andermal eine lustige Partymaske basteln …

1. Auf die Rückseite eines Papptellers mit Buntstiften ein Gesicht malen …

2. … und kleine Öffnungen für die Augen, den Mund und die Nase ausschneiden!

3. Rechts und links – in Höhe der Ohren – mit der Spitze der Schere jeweils ein kleines Loch bohren.

4. Ein Gummiband durch die beiden Löcher fädeln und jeweils so verknoten, dass das Gummi über den Kopf passt.

Glaslichter

Für Party- oder Glaslichter leere
Gläser von Tomatenmark, Champignons oder Oliven mit minde-
stens 9 Zentimeter Durchmesser
aufheben. (Achtung: Die Kerzen
am besten brennend hineinstel-
len, da das Anzünden im Glas
schwieriger ist!)

1. Die Gläser gut
säubern, auswaschen
und abtrocknen.

2. Dann mit Plaka-
farben, Filzstiften oder
speziellen Glasmal-
farben verzieren.

4. Man kann die Gläser
auch etwa zur Hälfte mit
Sand füllen und Teelich-
ter hineinsetzen. (Ach-
tung: Hier ist die Bema-
lung weggelassen, damit
man die Kerze sieht!).

3. Die Gläser zu drei
Viertel mit Wasser füllen
und kleine Schwimmker-
zen hineinsetzen (Ach-
tung: Hier ist die Bema-
lung weggelassen, damit
man die Kerze sieht!).

Register

Abkürzungsverzeichnis:

EL	= Esslöffel
TL	= Teelöffel
l	= Liter (1000 ml = 1 Liter)
g	= Gramm (1000 g = 1 Kilogramm)
Msp	= Messerspitze

©   Verlag Zabert Sandmann GmbH
München
1. Auflage 2000
ISBN 3-932023-64-1

Rezepte und Texte	Julei M. Habisreutinger
Redaktion	Kathrin Gritschneder, Kathrin Ullerich
Redaktionelle Mitarbeit	Siegmund Grewenig, Jochen A. Rotthaus, Hilla Stadtbäumer
Grafische Gestaltung	Georg Feigl, Thomas Frey, Julia Wurzer
Zeichnungen	Oliver Sütterlin
Coverfoto	FoodPhotography Eising/Susie Eising
Foodfotografie	Karl Newedel (S. 9: StockFood Eising)
Herstellung	Karin Mayer, Peter Karg-Cordes
Lithografie	inteca Media Service GmbH, Rosenheim
Druck/Bindung	Officine Grafiche D^e Agostini, Novara

Besucht uns auch im Internet unter www.zsverlag.de